W0238585

Reise durch

POLEN

Bilder von

Ralf Freyer

Texte von

Ernst-Otto Luthardt

Stürtz

INHALT

Erste Seite:
Die spätgotische Holzkirche von Dębno in dem der Hohen Tatra vorgelagerten Podhale-Gebiet birgt eine besonders originelle Innenbemalung. Der Bildstock an der Außenwand zeigt Christus an der Martersäule.

Vorherige Seite:
Blick auf das wiedererstandene alte Danzig. Hier, an der Mündung der Weichsel (Wisła) in die Ostsee, existierte bereits um 1000 eine befestigte Fischer- und Handelssiedlung.

Unten:
Am Strand von Międzyzdroje auf der Insel Wollin. Das alte Fischerdorf entwickelte sich – unter dem Namen Misdroy – ab Mitte des 19. Jahrhunderts zu einem vornehmen Kurort.

Seite 10/11:
Vom Radzejowski-Turm des Frauenburger Domgeländes bietet sich eine weite Aussicht über das Frische Haff.

P O L E N

Nach Ende des Zweiten Weltkrieges war der Altstädter Markt in Warschau eine Trümmerwüste. Doch bereits 1953 kündeten die wiedererstandenen historischen Gebäude vom Aufbauwillen der Bevölkerung und dem Können der Restauratoren.

1795 war es soweit: Nachdem sich die europäischen Großmächte Österreich, Preußen und Russland schon vorher zweimal am polnischen Kuchen bedient hatten, teilten sie ihn nun endgültig unter sich auf. Damit verschwand ein ganzer Staat von der Landkarte – ein für die europäische Geschichte einmaliger Vorgang. Ausgerechnet am Vorabend der Französischen Revolution einigten sich die drei miteinander verfeindeten absolutistischen Staaten auf den großen Coup zu Lasten der polnischen Nation. Diese beispiellose staatliche Liquidation kam nicht von ungefähr. Den russischen Bären gelüstete es schon immer nach Polen; mit Iwan IV. dem Schrecklichen hatte sich 1574 sogar ein russischer Zar um des Landes Krone beworben. Auch die Habsburger bekundeten zunehmenden Appetit auf polnisches Terrain. Später kam dann noch das aufstrebende Preußen hinzu, das im Osten Morgenluft witterte.

Schon vor der Teilung fühlten sich die Russen hier praktisch wie zu Hause. Preußen und Österreicher wiederum nutzten das Territorium als Aufmarschgebiet für ihre Kriege um Schlesien. Unter diesem Gesichtspunkt müssen jene Tränen gesehen werden, die Maria Theresia, die eben die Teilung auf den Weg gebracht hatte, angeblich ob des Schicksals Polens vergossen haben soll. Den Betroffenen konnte solch heuchlerisches Sentiment egal sein. Dauerte es doch (sieht man von dem nach dem Wiener Kongress 1815 als russisches Anhängsel entstandenen Königreich ab) bis zum Ende des Ersten Weltkrieges, ehe das Land wieder seine Staatlichkeit erlangte. So fokussiert diese Teilung denn auch die polnische Geschichte und erklärt politische Geschehnisse sowie das Verhalten der Bevölkerung bis in unsere Gegenwart hinein.

– NACHBAR IM OSTEN

FRÜHE DEUTSCH-POLNISCHE BEZIEHUNGEN

Der erste polnische Staat entstand in dem Gebiet zwischen Warthe (Warta) und Netze (Noteć). Nachdem Fürst Mieszko I. den christlichen Glauben angenommen hatte, buhlten schon bald die böhmischen und sächsischen Nachbarn um seine Gunst. Im Jahr 1000 wallfahrte Kaiser Otto III. nach Gnesen (Gniezno) zum Grab des von den Pruzzen getöteten Missionars Adalbert (polnisch: Wojciech; tschechisch: Vojtěch). Das Fest, welches Mieszkos Sohn Bolesław I. für den Kaiser ausrichtete, und die ihm bezeugte Gastfreundschaft wurden von dem damaligen Chronisten in den höchsten Tönen gelobt. Nach Ottos frühem Tod jedoch gab es Misstöne. Es ging um die kaiserliche Nachfolge, bei welcher der Pole zunächst aufs falsche Pferd setzte. So bekriegte ihn Heinrich II. Der christliche König scheute sich nicht, gegen seinen Glaubensgenossen heidnische Truppen ins Feld zu schicken. Nach der Versöhnung holte sich Bolesławs Sohn 1013 eine Deutsche zur Frau. Seinem Beispiel sollten noch andere polnische Herrscher folgen.

ALS HEDWIG NACH SCHLESIEN KAM

Als die Piasten 1138 das sogenannte »Senioratsprinzip« einführten, wonach der älteste Sohn die Oberherrschaft über die von seinen Brüdern regierten Landesteile haben sollte, wollte man dadurch Streit vermeiden. Doch genau das Gegenteil geschah, die einzelnen Linien gerieten sich mächtig in die Haare. 1146 bereits musste Władysław II. vor seinen Brüdern nach Sachsen fliehen. 17 Jahre später setzte Kaiser Barbarossa dessen Söhne wieder als Herzöge in Schlesien (Śląsk) ein. Seither ist dieses Gebiet auf besondere Weise mit Deutschland verbunden. Die Regenten holten deutsche Ehefrauen, deutsche Mönche und Nonnen sowie deutsche Handwerker, Bergleute und Bauern in ihr Land. Als Lichtfigur erwies sich dabei die schon bald nach ihrem Tod heilig gesprochene Hedwig aus dem Hause Andechs-Meran, die nicht nur mit Gatten und Sohn die friedliche deutsche Kolonisation maßgeblich beförderte, sondern sich vor allem durch praktische Nächstenliebe hervortat. So konnte ihr selbst der Zyniker Friedrich II. seinen Respekt nicht versagen: »Meine Frau Tante«, sagte er an deren Grab im Kloster Trebnitz (Trzebnica), »hat gut gearbeitet.«

SCHLESISCHE MARGINALIEN

Friedrich der Große selber beziehungsweise seine Nachfolger konnten sich nicht nur militärischer Erfolge rühmen. Unter preußischer Herrschaft wuchs in Oberschlesien eines der größten Industriereviere der Welt heran. Dass dies später, nach dem Ersten Weltkrieg, zum blutigen Zankapfel zwischen dem wiedererstandenen Polen und Deutschland wurde, ist eine andere Sache. Erstaunlich ist die große Zahl von Dichtern, die Schlesien gebar. Detlev von Liliencron zählte scherzhaft sechshundertsechzig Kollegen. Diese Literatur hatte ihren Anfang in dem fürstlichen Minnesänger Heinrich von Breslau, brachte den klein gewachsenen, aber groß denkenden Mystiker Jakob Böhme hervor und feierte in den Barockdichtern Martin Opitz, Andreas Gryphius, Friedrich von Logau oder Angelus Silesius ihren Höhepunkt. Sprach man in dieser Zeit von der deutschen Literatur, so war damit die schlesische gemeint. Jahrhunderte später wurde der Schlesier Gerhart Hauptmann mit dem Nobelpreis ausgezeichnet.

DIE »SACHSEN«- UND DIE »PREUSSENZEIT«

Nach dem Aussterben der den Piasten nachgefolgten Jagiellonen (1572) wählte der polnische Adel die Könige. Das heißt, die unterschiedlichen Gruppierungen versuchten, jeweils ihre Kandidaten auf den Thron zu heben. Statt nationaler Interessen hatten persönliche den Vorrang; unverhohlene Korruption war an der Tagesordnung. Das böse Wort von der »polnischen Wirtschaft« hat seinen Ursprung in jenen makabren Pokerspielen zwischen den polnischen Magnaten und fast dem gesamten europäischen Hochadel. 1697 lag zwar ein französischer Prinz vorn, doch sein Pech war, dass er den längeren Weg gegenüber seinem unterlegenen sächsischen Konkurrenten hatte. August II. der Starke war einfach schneller im Land und schuf so vollendete Tatsachen. Mit ihm begann die »Sachsenzeit« in Polens Geschichte. Der Monarch wechselte den Glauben und die Mätresse. Er gab sich nun katholisch und die neue Geliebte hieß nicht mehr Cosel sondern Dönhoff. Das Land selbst geriet nun erst recht zum Spielball auswärtiger Mächte und Interessen. Demgegenüber brachte die »Preußenzeit« (ab 1772) für die Polen

Abseits der Hauptstraßen scheint in Polen – wie hier im Danziger Werder – die Zeit angehalten. Doch die Idylle trügt, denn die Kleinbauern leben oft von der Hand in den Mund. So zählt bereits ein Pferd als stolzes Besitztum und der Traktor bleibt ein unerfüllbarer Traum.

durchaus auch Positives. Die neuen Provinzen erhielten eine weitgehende Selbstverwaltung. Reformen in Verwaltung, Wirtschaft und den Schulen zeitigten schon bald Wirkung. Nein, man liebte die nüchternen Preußen ganz gewiss nicht, aber man respektierte sie und teilweise bewunderte man sie auch. Das änderte sich erst, als diese die »guten Polen« partout zu »guten Preußen« machen wollten.

POLENS WIEDERGEBURT UND ERNEUTE GEFÄHRDUNG

Der Ausgang des Ersten Weltkrieges brachte Polen seine Staatlichkeit zurück. Die Euphorie war groß, doch die Zeit bis zur erneuten Bedrohung gering. Hitler und Stalin einigten sich darauf, Polen untereinander aufzuteilen. Während das Posener Land und der Warthegau direkt in das »Reich« eingegliedert wurden, geriet der Rest des von den Deutschen okkupierten Gebietes zum »Generalgouvernement«, dem Hans Frank vorstand. Während der nahezu alles, was an die polnische Nation erinnerte, verbot und vor allem die geistige Elite verfolgen ließ, hörte er in seiner Residenz auf dem Wawel in Krakau (Kraków) die Musik Chopins.

Nach dem Zusammenbruch Deutschlands langte Stalin noch einmal kräftig zu. Er machte den Osten Polens sowjetisch und den neuen Staat zu seinem Satelliten. Bürgerliche Kräfte wurden liquidiert, interne – kommunistische – Widersacher auch. Doch die polnischen Verhältnisse unterschieden sich von denen des übrigen Ostblockes. Erwiesen sich doch nicht wenige polnische Kommunisten zuallererst als Patrioten. Und die katholische Kirche war erst recht nicht zu übergehen. Sie wirkte als mächtiges politisches Korrektiv, vor allem aber als moralische Institution. So gesehen war die Wahl des Krakauer Kardinals Karol Wojtyła zum

Neben der Hauptstadt Warschau kann sich vor allem Krakau einer interessanten und auch anspruchsvollen Gastronomie rühmen. Viele Restaurants bieten zur bekannt guten polnischen Küche auch romantisches Ambiente.

Papst nur die Folge dieser Entwicklung und zugleich der Keil, durch den schließlich der ganze Ostblock auseinanderbrechen sollte.

VISIONEN UND REALITÄTEN

Nachdem die unabhängige Gewerkschaft »Solidarność« unter ihrem charismatischen Führer Lech Wałęsa die politische Wende in Polen in die Wege geleitet und die Opposition die Macht übernommen hatte, fraß die Revolution ihre Kinder. Zunächst ereilte dieses Schicksal Wałęsa selber, dann auch die aus dem Widerstand gewachsenen politischen Kräfte. Bei den Wahlen zum Sejm, dem polnischen Parlament, im Herbst 2001 quittierten die Polen das Versagen und die Selbstbereicherung dieser ehemaligen Galionsfiguren, indem sie diese von der Regierung in die Bedeutungslosigkeit stürzten.

Doch ebenso musste die Kirche Federn lassen. Stand sie noch in kommunistischer Zeit für moralische Integrität und politische Alternative, schwindet nun allmählich der Einfluss. Einmischungsversuche des Klerus in Sachen Geburtenkontrolle schlugen auf die Initiatoren zurück. Auch aktuelle Kampagnen wie etwa gegen den massiven Alkoholgenuss haben zwar ihre Berechtigung, doch angesichts der zunehmenden sozialen Probleme ausgerechnet jetzt die über Jahrhunderte gebrauchten Ventile dichten zu wollen, scheint mehr als unrealistisch.

Bezeichnend für die gegenwärtige politische Situation in Polen sind erstaunliche Frontenwechsel. So zählen inzwischen die regierenden Sozialdemokraten – die Exkommunisten also – zu den eifrigsten Befürwortern des bevorstehenden Beitrittes in die Europäische Union. Doch die anfängliche Euphorie der knapp 40 Millionen Einwohner ist verflogen. Müssen doch schon jetzt immer mehr veraltete Betriebe schließen und neue Arbeitsplätze gibt es noch zu wenig. Angst haben vor allem die Bauern. Auch wenn Polen zu den wichtigen Industrieländern zählt, gründet sich die Gesellschaft

nach wie vor in wichtigen Bereichen auf eben diese bäuerliche Struktur. Doch schon jetzt sind Agrarimporte billiger als einheimische Produkte.

IN RÜBEZAHLS REICH

Noch vor den Alpen wurde das Riesengebirge (Karkonosze) zum beliebtesten Wintersportgebiet der Deutschen. Das lag nicht nur an den natürlichen, sondern auch an den verkehrsmäßigen Voraussetzungen. Die Schnellzugverbindung Berlin – Hirschberg (Jelenia Góra) machte die Anfahrt zu einem – großen – Katzensprung, den die Hauptstädter gern auf sich nahmen. Winkte doch eine Mittelgebirgslandschaft mit alpinem Charakter. Mit dem touristischen Zulauf entstanden auch die ersten bewirtschafteten Berghütten – hier »Bauden« genannt. Die wohl berühmteste auf schlesischem Gebiet war die Hampelbaude (Strzecha Akademicka). Die nur einige Minuten entfernt in einem malerischen Felsenkessel gelegene Kleine Teichbaude (Samotnia) hat bis heute ihr romantisches Gepräge bewahren können. Damals wie heute finden die Besucher in Schreiberhau (Szklarska Poręba) und Krummhübel (Karpacz) Unterkunft. Und während man bislang vor allem aus den neuen Bundesländern hierher gekommen ist, hat sich inzwischen auch im übrigen Deutschland herumgesprochen, dass man im Riesengebirge – nicht nur im Winter – gut und noch recht billig Ferien machen kann.

DAS KLEINSTE HOCHGEBIRGE DER WELT

Von der Größe her eher bescheiden, begeistert die Hohe Tatra (Tatry) durch ihre bizarre Gestalt. Der Kamm ist vielfach gegliedert, ja zerklüftet und erlaubt deshalb auch keine durchgehende Begehung. Dafür entschädigen die Vorstöße zu den Gipfeln, deren höchster auf polnischer Seite, der Rysy, 2499 Meter in den Himmel ragt. Eine Überraschung sind die vielen Bergseen. Hauptort der Tatra ist Zakopane: mit herrlichen Wander- und Kletterrouten, vorzüglichen Schanzen, Pisten und Loipen und einer mittlerweile guten Hotellerie. Fast ist das Gebirge für den Besucherandrang zu klein und das Nadelöhr Zakopane erst recht. So empfehlen sich die benachbarten Orte. Beispielsweise Chochołów, jener komplett in überlieferter Holzbauweise errichtete und

Nicht nur an den Marienfesttagen, sondern das ganze Jahr über strömen die Pilger zur »Schwarzen Madonna« von Tschenstochau. Das Pauliner-Kloster auf dem Hellen Berg (Jasna Góra) wird von einem weithin sichtbaren Turm überragt – mit 106 Metern ist er der höchste des Landes.

deshalb denkmalgeschützte Ort, der nicht nur hinsichtlich der Architektur, sondern auch mit traditioneller und schönster Volkskunst sowie köstlichen Käsespezialitäten die Kulisse und das Lebensgefühl einer fast verschwundenen archaischen Welt vermittelt.

VON GORALEN, LEMKEN, BOJKEN UND ANDEREN

Sie zogen einst mit ihren Schafen die Karpaten (Karpaty) entlang immer weiter nach Westen und wurden schließlich auf dem Gebiet des heutigen Polen und der Slowakei ansässig. Gemeint sind die – nach dem polnischen Wort für Berg »góra« benannten – Goralen. Von ihrem walachischen Herkunftsland haben sie die Trachten, Bräuche und Lieder mitgebracht. Sie tragen damals wie heute ihre Filzhosen, die bei Hitze kühlen und zu kalten Zeiten wärmen, dazu kunstvoll bestickte Pelzjacken oder Mäntel. Ihre Gesänge sind sowohl wild und voller Ekstase als auch melodisch bis zur Seelenschmelze. Für einen Goralen steht der Gast an erster Stelle. Ihm zuliebe öffnet er alle Speisekammern und vor allem viele Flaschen.

Noch ein Stück weiter gen Osten trifft man auf die Bojken und Lemken, ruthenische, also ukrainische Volksgruppen, die im Vorkarpatenraum siedeln. Sie gehören größtenteils der unierten Kirche an, sozusagen einer Kombination zwischen Byzanz und Rom. Ihre hölzernen Gotteshäuser tragen Helme und Kuppeln und muten an wie aus einem Märchen. Drinnen, im weihrauchgeschwängerten Dämmerlicht, findet man schönste Ikonostasen in goldener Pracht. Als nach dem Zweiten Weltkrieg ukrainische Widerständler einen Guerillakrieg gegen die polnische Staatsmacht führten, wusste sich diese nicht anders zu helfen, als ganze Dörfer auszusiedeln. So geschehen in den Bieszczaden (Bieszczady), Polens einsamster Bergregion im Dreiländereck mit der Ukraine und der Slowakei.

Ein ganz anderer, eher nordisch-bedächtiger Menschenschlag sind die Kaschuben, die der Gegend zwischen Danzig (Gdańsk) und Stolp (Słupsk) den Namen gegeben haben: Kaschubei (Kaszuby). Die an die 200 000 zählenden Nachkommen der alten Pomoranen bewahren noch den eigentümlichen Dialekt und ihre besondere Folklore. Dazu gehören vor allem Keramik und Stickereien sowie Lieder und Tänze, die an die schwedische Spielmannsmusik erinnern.

Blieben noch jene beiden Tatarensiedlungen namens Kruszyniany und Bohoniki östlich von Białystok an der weißrussischen Grenze. Der »Polnische Orient« erinnert an jene Zeiten, als Muslime im Heer der christlichen Polenkönige gekämpft und dafür eine Heimstatt in deren Land erhalten haben.

WASSERTRÄUME IN MASUREN

Mit dem Riesengebirge, der Hohen Tatra und der Ostseeregion (Pomorze) ist die Masurische Seenplatte (Mazury) die meistbesuchte polnische Urlaubsregion. In der Tat streichelt diese durch einen gewaltigen Eishobel geprägte Landschaft die Sinne: Seen zuhauf grüßen Dörfer, Wiesen und Wälder. In den engen Straßen stehen alte Bäume Spalier und salutieren den Vorbeifahrenden, die sich dem gemächlichen Rhythmus dieser Region anzupassen haben. Nur ein paar Kilometer von den Zentren wie Allenstein (Olsztyn) oder Nikolaiken (Mikołajki) entfernt ist man wieder inmitten unberührter Natur. In manchen Dörfern gibt es mehr Störche als Menschen – jeder zweite Storch auf der Welt ist ein Pole. Hier, im Herzen des alten Ostpreußen, scheint die Zeit angehalten. Doch diese Illusion wird angesichts der verfallenden Herrenhäuser und Schlösser schnell wieder zerstört.

DAS WUNDER VON WARSCHAU

Nach dem Ende des Zweiten Weltkrieges blieb von Warschau (Warszawa) kaum etwas übrig; es war zu 90 Prozent dem Erdboden gleich. So erwog man ernsthaft, die Hauptstadt zu verlegen. Doch die Bevölkerung hielt an Warschau fest. Ihrer Opferbereitschaft und dem Können der Restauratoren ist es zu verdanken, dass schon in den entbehrungsreichen fünfziger Jahren das alte Zentrum

Die phantastische Wasserlandschaft Nordostpolens hat ihren Höhepunkt in der Masurischen Seenplatte. Doch auch wenn sich hier zur Saison das halbe Land sowie zahlreiche ausländische Besucher treffen, bleibt für jeden genug Platz zum Durchatmen.

wiedererrichtet wurde. Wer im Historischen Museum am Altstädter Markt die Bilder der Verwüstung sieht, kann das Wunder kaum fassen. Als letzter großer Komplex entstand auch das Königsschloss in neuer barocker Pracht. So kann man heute wieder über dem hohen Weichselufer durch die malerischen Straßen und Gassen flanieren.

Vorbei an der monumentalen Sigismundsäule, die an die Verlegung der Hauptstadt von Krakau nach Warschau durch Sigismund III. Wasa erinnert, führt der »Königsweg« nach Süden. Ungefähr auf halber Strecke ist der Łazienki-Park gelegen, eine 75 Hektar große Gartenlandschaft vom Ausgang des 18. Jahrhunderts. Architektonische Höhepunkte sind das original erhaltene Hoftheater sowie das »Palais auf der Insel«. Unübersehbar auch das große Chopin-Denkmal inmitten einer duftenden Rosenanlage, die in den Sommermonaten den Rahmen für unvergessliche Freiluftkonzerte liefert. Der »Königsweg« endet draußen vor der Stadt. Schloss und Park Wilanów ließ sich der Türkenbezwinger Jan III. Sobieski erbauen. Das einst königliche Refugium ist heute Besuchermagnet und meist menschenvoll. Doch zwischen den mächtigen Bäumen verlieren sich die Massen. Wasser plätschert, Vögel singen und Gott Pan lässt sein geheimnisvolles Lachen hören.

Seite 22/23:
Thorn (Toruń) ist nicht nur eine der ältesten, sondern auch eine der sehenswertesten Kommunen Polens. Entlang der Weichsel zieht sich die mittelalterliche Altstadt mit der backsteinernen Johanneskirche, der Ruine der Ordensburg oder dem Rathaus, dessen Turm das Häusermeer überragt.

Seite 24/25:
Das Freilichtmuseum von Sanok im Vorland der Karpaten birgt auch zwei alte Holzkirchen mit prächtigen Ikonostasen.

FOTO

IN SCHLESIEN

Die Häuser am Großen Markt von Breslau zeigen stolz Farbe. Nachdem mit der »Festungsstadt« über 70 Prozent der historischen Bausubstanz im Feuersturm untergingen, nahm vom Markt aus die Restaurierung ihren Anfang. Und jedes Jahr wächst Neues hinzu.

Das alte Schlesien – von den Herzogtümern der Piasten über die Habsburger zur preußischen Besitzung – gibt es nicht mehr. Doch es lebt weiter in der Erinnerung jener deutschen Bewohner, welche nach dem Zweiten Weltkrieg zum Verlassen ihrer Heimat gezwungen wurden. Darüber hinaus verdankt es seiner unmittelbaren Nachbarschaft zu Deutschland viele Besucher, die es vor allem nach »Bergschlesien« – also in das Iser-, Riesen- und Heuscheuergebirge oder in andere Teile der Sudeten zieht.

Sehenswert wird auch immer mehr der wiedererstandene historische Part von Breslau (Wrocław) um eines der schönsten Rathäuser Europas und die Dominsel. Im Gegensatz dazu machen sich im oberschlesischen Industrierevier die Strukturprobleme der Wirtschaft immer stärker bemerkbar. Nahezu die gesamte Montanindustrie ist nicht mehr konkurrenzfähig.

Die Region Großpolen (Wielkopolska) sitzt Schlesien gewissermaßen auf dem Kopf und zieht sich von der Oder über Posen (Poznań) bis nach Lodsch (Łódź). In Gnesen wurde der polnische Staat geboren, erhielt das Christentum sein erstes Zentrum. Die gotische Kathedrale mit den berühmten Bronzetüren gehört zu den wertvollsten architektonischen und künstlerischen Hinterlassenschaften des Landes. Doch geschlossene städtische Ensembles wird man in dieser flachen Region vergeblich suchen. So erleben sie die meisten Besucher nur auf der Durchfahrt; die Straße von Berlin nach Warschau und weiter nach Brest ist wohl die meistfrequentierteste im ganzen Land.

UND GROSSPOLEN

Unten:
Im Gegensatz zur bürgerlichen Innenstadt Breslaus bildet die von den Armen der Oder umschlungene Dominsel mit ihren Kirchen, Palästen und Verwaltungsgebäuden das geistliche Zentrum der Stadt und des Bistums.

Rechts oben:
Die steingewordene Zeit am Domplatz reicht von der Romanik bis zur Neugotik, welche sich an diesem Gebäude manifestiert.

Rechts Mitte:
Die alte Bezeichnung für die mittelalterlichen Marktplätze lautet »Ring«. Dessen Mittelpunkt bildete das Rathaus, um das manchmal – wie hier in Breslau – ein eigenes kleines Viertel mit Geschäften, Gässchen und Arkaden wuchs.

Rechts unten:
Der Scheitniger Park (Park Szczytnicki), etwa anderthalb Kilometer nordöstlich der Breslauer Altstadt gelegen, galt als »schönste Gartenanlage im Osten Deutschlands«.

Linke Seite:
Wie durch ein Wunder überstand Breslaus Rathaus, ein Juwel der Architektur der Gotik und Renaissance, das Kriegsinferno mit nur geringen Schäden. Das Bild zeigt die östliche Giebelfassade mit der astronomischen Uhr sowie einen Teil der reichgeschmückten Südwand.

Die Nordseite des »Rings« von Breslau wurde einst »Naschmarkt« genannt. Die Häuserfront wird vom Turm der Elisabethkirche überragt.

Breslau war und ist eine Brückenstadt – es sollen über 70 Konstruktionen in Stahl und Beton sein, die Oder, Ohle oder Lohe überspannen. Die Passbrücke (Most Zwierzyniecki) datiert aus dem Jahre 1895.

Links:
Neisse (Nysa) war einst eine piastische Residenzstadt. Die barocke Kirche St. Peter und Paul entstand zu Beginn des 18. Jahrhunderts. Sehenswert sind vor allem die Deckengemälde der Gebrüder Scheffler.

Unten:
Das Doppelgrab auf dem Städtischen Friedhof von Neisse, in dem der große Romantiker Eichendorff und seine Gattin Luise ihre letzte Ruhe fanden, verdankt seinen vorzüglichen heutigen Zustand der Restauration durch das Ehepaar Rock.

Links:
Der Dichter Joseph Freiherr von Eichendorff fand die »Gegend von Neisse ... wahrhaft paradiesisch« und bis heute hat diese Landschaft im Sudetenvorland noch manches von dieser stillen Anmut bewahren können.

Oben:
Das älteste Architekturdenkmal der Stadt Neisse ist jene imposante Hallenkirche von 1401 bis 1431, die unter dem Patronat des heiligen Jakob steht. Das Schiff und die 20 Kapellen bergen wertvolles Inventar.

Oben:
Oppeln (Opole) liegt rund 100 Kilometer östlich von Breslau. Die Oder (Odra) und ihre Seitenarme beziehungsweise Kanäle prägen das Bild der Stadt und werden von zahlreichen Brücken wie hier der »Pfennigbrücke« überspannt.

Rechts:
Das Rathaus von Habelschwerdt (Bystrzyca Kłodzka) stammt aus dem 16. Jahrhundert und wurde 1854 umgebaut. Die um 1250 von deutschen Siedlern gegründete Stadt ist die zweitgrößte der Grafschaft Glatz (Kłodzko).

Links:
Dem Ruf eines »Schlesischen Venedigs« wird Oppeln mit seinen Häusern direkt am Mühlgraben (Młynówka) gerecht.

Unten:
Die Innenstadt von Oppeln ist wieder hergerichtet und lebendig bis in die späte Nacht. Das Bild öffnet den Blick hin zum Ring. Dort schlägt seit eh und je das Herz der Stadt.

Rechts oben und unten:
Zwischen Heuscheuer- (Góry Stołowe) und Adlergebirge (Orlicke Hory) ist Bad Reinerz (Duszniki Zdrój) gelegen, das unter anderem Friedrich den Großen und Chopin zu seinen Kurgästen zählte. Neben den heilenden Wassern gibt es hier auch ein interessantes Museum – eine Papiermühle aus dem Jahre 1605.

Rechte Seite:
Ursprünglich barocker Prägung, spiegelt das Schloss von Moschen (Moszna) seit 1896 den Geschmack seines damaligen Besitzers, eines Industriellen, wider. Der Märchenbau ist von einem Englischen Landschaftspark umgeben und beherbergt ein Sanatorium.

Unten:
Ottmachau (Otmuchów) liegt am Fuße des Reichensteiner Gebirges (Góry Złote). Größter Schatz der Gemeindekirche sind drei Altargemälde von Michael Willmann, dem bedeutendsten schlesischen Barockmaler.

Unten:
In Jauer (Jawór) steht eine der beiden erhaltenen »Friedenskirchen«, die den schlesischen Protestanten nach dem Dreißigjährigen Krieg zugebilligt wurden. Das Schiff und die vier umlaufenden Emporen bieten etwa 6000 Gläubigen Platz. Das Gotteshaus und sein Pendant in Schweidnitz (Świdnica) wurden jüngst unter das Patronat der UNESCO gestellt.

Rechts:
Die ehemalige evangelische Kirche von Grünberg (Zielona Góra) wurde 1746 bis 1748 errichtet, die Fassade und der Turm stammen aber erst aus dem Jahre 1828. Der Ort Grünberg rühmte sich einst des nördlichsten Weinbaues in ganz Europa. Als dementsprechend herb galt denn auch der hiesige Rebensaft.

Rechts:
Landschaft an der jungen Neiße (Nysa). Doch das friedliche Bild kann sich schnell ändern: Hochwasser sind hier nicht selten.

Unten:
Zu den wichtigsten Sehenswürdigkeiten von Hirschberg – dem schlesischen Tor zum Riesengebirge – zählt die St. Erasmus und Pankratius geweihte Kirche aus spätgotischer Zeit.

Oben:
Glatz liegt am Eingang des gleichnamigen Kessels; die umliegenden Berge sind mehr als 1400 Meter hoch. Das Schicksal des malerischen Städtchens wurde seit alters her durch dessen Grenzlage geprägt. Die Festung ließ ab 1742 Friedrich II. erbauen.

Links:
Je weiter man sich von »Bergschlesien« entfernt, desto mehr weitet sich die Landschaft; sie ähnelt nun einem riesigen Tisch, dessen Lineament von den Gewässern gezeichnet wird.

Linke Seite:
Posen ist das wirtschaftliche, politische und kulturelle Zentrum Großpolens. In der traditionsreichen Stadt an der Warthe findet alljährlich die wichtige Internationale Posener Messe statt.

Der Alte Markt trägt inzwischen ein neues, farbenfrohes Kleid. Elegant ist es hier – die nach dem Krieg wiederaufgebauten Bürgerhäuser haben überwiegend barocke oder klassizistische Fassaden.

Südlich des Posener Marktes überragt die jetzige Pfarrkirche Maria Magdalena die anderen Gebäude des ehemaligen Jesuitenkollegiums. Der Bau wurde 1651/1652 von dem italienischen Architekten Tomaso Poncino begonnen und zählt zu den schönsten Barockkirchen Polens.

AUF DER SUCHE NACH EINER VERLORENEN WELT –

Als die Tafel mit all den jüdischen Köstlichkeiten aufgehoben wird, verlöscht plötzlich das Licht. Jetzt flackern nur noch die Kerzen der Menora, des siebenarmigen Leuchters. Aus dem Dämmer kommt eine zarte Melodie. Die Violine singt wie eine menschliche Stimme. Später fallen das Akkordeon und der Kontrabass ein: schluchzend, jubelnd, schreiend. Sie erzählen von der »Nacht im Garten Eden« und vom »Statele« – so als ob es letzteres noch gäbe. Denn es sind die Lieder, es ist die Musik der Toten, die fast allabendlich hier in Kazimierz im Restaurant »Ariel« zu hören sind. Wiederbelebt vom »Jascha Liebermann Trio« oder von der Gruppe »Kroke«. Die Absolventen des Krakauer Konservatoriums zählen längst zur Creme der internationalen Klezmer-Szene, der Musik des Ostjudentums. Das heutige Krakauer Stadtviertel Kazimierz entwickelte sich seit dem 13. Jahrhundert zu einem der bedeutendsten kulturellen und religiösen Zentren jüdischen Lebens im Osten Europas. Noch vor hundert Jahren war jeder dritte Einwohner Krakaus mosaischen Glaubens. Heute sind es vielleicht dreihundert.

Pogrome gegen die Juden gab es auch in Polen zu allen Zeiten. In den dreißiger Jahren des vergangenen Jahrhunderts wurde eine Reihe von Gesetzen erlassen, die eine Quotenregelung für jüdische Studenten beinhalteten, die freie Berufsausübung reglementierten und bestimmte rituelle Handlungen verboten. Ziel dieser Maßnahme war, die jüdische Bevölkerung zur »freiwilligen« Emigration zu veranlassen. Die letzte Kampagne gegen den »Zionismus« führten 1967 die Kommunisten durch. Im Zuge eines innerparteilichen Machtkampfes wurden die letzten noch in Polen verbliebenen Juden als Sündenböcke ausgemacht. Doch all dies verblasst gegenüber der von den Nationalsozialisten systematisch

Links:
Zu den begehrten Judaika aus Polen gehören inzwischen auch Schnitzereien wie diese, die eine Klezmer-Kapelle darstellt.

Oben:
Die Remuh-Synagoge im heutigen Krakauer Stadtteil Kazimierz geht auf das Jahr 1553 zurück.

Rechts oben:
Das Restaurant »Ariel« in Kazimierz war einst Vorreiter der neuen jüdischen Szene und ist bis heute in Sachen Klezmer-Musik die beste Adresse geblieben.

Rechts unten:
Dieser jüdische Friedhof mit zirka 2000 Grabsteinen in Lesko hat die dunklen Zeiten überdauert.

betriebenen »Endlösung der Judenfrage«, wie das Ungeheuerliche verharmlosend umschrieben wurde. Allein in Polen fielen dem Holocaust zwei Millionen jüdische Bürger zum Opfer. Hatte das Einpferchen in Ghettos wenigstens noch die Hoffnung aufs Überleben genährt, so schmolz diese mit den Deportationen in die Todeslager von Birkenau (Brzezinka), Auschwitz (Oświęcim), Treblinka oder Majdanek. Bei diesem traurigen Part deutsch-polnisch-jüdischer Geschichte erschüttert nicht nur das fabrikmäßige Morden in den Gaskammern, sondern auch die perfekte Bürokratie des Todes.

SPURENSUCHE IM HEUTIGEN POLEN

Die Suche nach den Spuren jüdischer Hinterlassenschaft im heutigen Polen ist nicht leicht. Nur eine Handvoll Synagogen widerstand der Zerstörung beziehungsweise wurde wieder aufgebaut – so unter anderem in Breslau, Warschau oder in dem Städtchen Tykocin nordwestlich von Białystok. Die schönsten stehen in Łancut, Zamość und im eingangs erwähnten Kazimierz, wo gleich sieben die dunkle Zeit überdauert haben.

Ganz rechts oben: *Als ob es das Schtetl noch gäbe: In Szydłowiec rund 30 Kilometer südwestlich von Radom in Kleinpolen sind viele historische Gebäude erhalten.*

Ganz rechts unten: *Das Tor des Vernichtungslagers Auschwitz I. Der Name der an sich unbedeutenden Stadt ist Synonym für das Verbrechen der Nationalsozialisten, den Mord an Millionen von Juden.*

Davon ist freilich nur noch die Remuh-Synagoge in liturgischem Gebrauch, während in der Alten Synagoge das Jüdische Museum und in der Isaak-Synagoge das Jüdische Bildungszentrum ihren Sitz haben.

Ein unbedingtes Muss ist der Remuh-Friedhof, eine der beiden einzigen aus der Renaissance auf uns gekommenen jüdischen Grablegen in ganz Europa. Auch die Fabrik von Oskar Schindler ist nach dem Erfolg von Spielbergs Film »Schindlers Liste« Ziel vieler Besucher. Von den Ghettomauern in Kazimierz gibt es allerdings nur noch zwei Fragmente und in Warschau ist, nach dem Aufstand der 500 000 Verzweifelten im Frühjahr 1943, überhaupt nichts mehr zu sehen. Dafür erinnert in der Hauptstadt ein beeindruckendes »Denkmal der Helden des Ghettos« an die schrecklichen Geschehnisse. Und auf der Bühne des Jüdischen Theaters erwacht für zwei, drei Stunden die verlorene Welt.

Rechte Seite:
Das Schloss von Łęczyca nahe Lodsch wurde im 14. Jahrhundert errichtet und im 16. Jahrhundert nochmals umgebaut. Laut Legende soll es auch die Heimstatt aller polnischen Teufel sein.

Die aus dem 14. Jahrhundert datierende Steinbrücke über einen Nebenarm der Neiße in Glatz, mit barocken Heiligenfiguren bestückt, ist gewissermaßen Miniatur der Prager Karlsbrücke.

Die Doppelstadt Bielitz-Biala (Bielsko-Biała) schmiegt sich an die Schlesischen Beskiden (Beskid Śląski). Zu den sehenswerten Gebäuden aus der Zeit der Habsburger gehört auch das Theater.

Linke Seite:
Eine alte Apotheke an der Geschäftsstraße »Piotrkowska« als Raumkunstwerk. Als Lodsch 1815 russisch wurde, zählte es noch nicht einmal 1000 Einwohner. Doch dann etablierte sich hier die Textilindustrie und brachte Reichtum in die Stadt, der sich auch in der Ausstattung der Geschäfte niederschlug.

Durch die Textilindustrie wurde Lodsch zum »Manchester des Ostens«. Vom ungeheuren Reichtum der Fabrikanten zeugt die vier Kilometer lange Straße »Piotrkowska« mit Geschäften, Hotels, Villen, Palästen und auch Fabriken.

Am Platz Zwycięstwa in Lodsch steht der Scheibler-Palast. 1886 errichtet, birgt er teures Interieur im Stil der Neorenaissance.

Rechts und unten:
Ziemlich regelmäßig über das Land verteilt, gibt es in Polen viele und lohnenswerte Freilichtmuseen, die über Volksarchitektur, Handwerk, Lebensweise und religiöse Betätigung informieren. Das museale bäuerliche Gebäude (rechts) samt dessen Küche (unten) ist im oberschlesischen Pless (Pszczyna) zu sehen.

Oben und links:
Łowicz gilt als Zentrum lebendiger Volkskunst. Hier fertigen Frauen noch die berühmten Scherenschnitte, Stickereien und bemalte Eier. Im Freilichtmuseum kann man die Lebensumstände und die Bauweise früherer Zeiten in dieser Region studieren.

Linke Seite:
Die Kirche Wang am Fuße der Schneekoppe (Śnieżka) ist eine der meistbesuchten Sehenswürdigkeiten im Riesengebirge. Der Wikingerbau stand ursprünglich in Norwegen, wo er für die Gläubigen nicht mehr ausreichte und abgerissen werden sollte. Der preußische König Friedrich Wilhelm IV. ließ ihn per Schiff und Pferdewagen 1840 nach Schlesien bringen.

Dass sich die 1602 Meter hohe Schneekoppe ziemlich oft hinter Wolken und im Nebel versteckt, macht sie noch geheimnisvoller. Im Vordergrund dieser historischen Aufnahme sind das Schlesierhaus und die Riesenbaude zu sehen – letztere wurde inzwischen abgerissen.

Zum Eindrucksvollsten im schlesischen Teil des Riesengebirges gehören die Schneegruben, die jäh um rund 200 Meter abfallen. Die Baude ist leider nicht mehr der Öffentlichkeit zugänglich.

VON POMMERN

Farbenprächtige Fischerboote wie dieses findet man zwar noch überall am Ostseestrand, doch die Probleme derjenigen, die vom Fang leben müssen, mehren sich: Zum einen sind die Fischgründe dezimiert, zum anderen fallen die Aufkaufpreise.

Die alte Bedeutung des Namens verrät es: Pommern ist das Land am Meer. Neben der großen Hafenstadt Stettin (Szcecin) an der Odermündung sind, trotz schwerster Kriegszerstörungen, eine Reihe von historischen Kommunen wie Stargard (Stargard Szczeciński) oder Köslin (Koszalin) wieder einen Besuch wert. Natürlich lockte und lockt das Meer zum Baden. Bedeutende Urlauberzentren waren und sind Kolberg (Kołobrzeg) sowie Rügenwaldermünde (Darłowo). Besonders schön an der Steilküste gelegen ist Poberow (Pobierowo). Doch sie alle werden, zumindest was die natürliche Staffage betrifft, von dem kleinen Leba (Łeba) mit seinen Wanderdünen übertroffen.

Nur ein paar Kilometer weiter endet Pommern (Pomorze Zachodnie) und beginnt Pomerellen (Pomorze Wschodnie). Dessen Herz schlägt in Danzig. Hier und in den eigentlich schon mit der Stadt Günter Grass‘ und Lech Wałęsas zusammengewachsenen Nachbarkommunen Gdingen (Gdynia) und dem einstigen mondänen Badeort Zoppot (Sopot) leben heute 800 000 Menschen. Hinzu kommen, im Sommer, die Besucher, welche die wiedererstandene historische Rechtstadt mit den prächtigen Patrizierhäusern und der Marienkirche, dem größten aus Backsteinen errichteten Gotteshaus der Welt, bevölkern.

Während weichselaufwärts das mittelalterliche Thorn zu den größten Highlights des Landes zählt, ist es weiter östlich, am Frischen Haff (Zalew Wiślany), das Städtchen Frauenburg (Frombork) mit dem wehrhaften Dom. Meer, Flüsse, Wasser gibt es in diesen Regionen mehr als genug. Wer jedoch noch eine Steigerung sucht, findet sie in Masuren.

MIZ-8
MIZ-8

Unten:
Die Geschichte von Stettin geht in das 8. Jahrhundert zurück und ist eng mit der Historie Pommerns verknüpft. Das Schloss der Herzöge steht an jener Stelle, an der Otto von Bamberg im frühen 12. Jahrhundert die erste Kirche errichten ließ. Sein heutiges Aussehen erhielt es im wesentlichen in den Jahren 1575 bis 1577.

Rechts oben:
Das Gotteshaus St. Peter und Paul in Stettin zählt mehr als 600 Jahre. Nachdem die Fassade zu Beginn des 20. Jahrhunderts ihre ursprüngliche Gestalt zurückerhielt, repräsentiert sie wieder schönste Backsteingotik.

Rechts Mitte:
Einst Rathaus, ist dieses Gebäude in Backsteinarchitektur heute Seefahrtsschule, an der Polens künftige Schiffsoffiziere ausgebildet werden.

Rechts unten:
Blick über Stettin mit den zu Beginn des vergangenen Jahrhunderts errichteten imposanten Gebäuden des Wojewodschaftsrates und des Nationalmuseums – letzteres eine Stiftung der einheimischen Kaufleute.

Links oben:
Auch in Pommern trägt man die alten Trachten und tanzt die traditionellen Reigen meist nur noch zu folkloristischen Veranstaltungen, wie hier auf der Insel Wollin.

Links Mitte:
Viele Angler suchen nicht nur die Fische, sondern auch das Alleinsein. Beiden Ansprüchen werden die pommerschen Lande gerecht.

Links unten:
Schwäne am Strand von Swinemünde (Świnoujście). Der Ort ist als preußischer See- und Vorhafen von Stettin von Friedrich dem Großen gegründet worden.

Unten:
Stargard gehörte zur Hanse und war auch einige Jahrzehnte Hauptstadt des brandenburgischen Hinterpommern. Die Pfarrkirche St. Marien zählt zu den größten gotischen Backsteinbauten Polens.

Unten:
Treptow (Trzebiatów) am Ufer der Rega gehörte einst dem Bund der Hanse an und besaß sogar einen eigenen Ostseehafen. Zu den sehenswerten Bauwerken gehört die spätgotische Heilig-Geist-Kapelle.

Unten:
Vom 14. bis zum 16. Jahrhundert war Stolp Sitz eines selbstständigen pommerschen Herzogtums. Schönster erhaltener Teil der Stadtwehr ist das Mühlentor, das vor zirka 600 Jahren erbaut wurde.

Rechts:
Die Pommersche Seenplatte (Pojezierze Drawskie) wird wegen ihrer Anmut auch »Pommersche Schweiz« genannt. Sie umfasst allein 1400 Seen, die größer als ein Hektar sind.

Rechts:
Als wäre die Zeit stehen geblieben: Trotz der Industrialisierung war und ist Pommern noch Bauernland.

Rechte Seite:
Die Wanderdünen sind die Attraktion des rund 180 Quadratkilometer großen Słowinski-Nationalparks, der den Lebasee mit der Nehrung sowie den Gardersee umfasst. Er wurde 1966 eingerichtet.

Meeresstimmung am Strand von Kolberg. Der Ort an der Mündung der Persante (Parsęta) ist ein traditionsreicher Kur- und Badeort an der mittleren Ostseeküste.

Das Schicksal Pommerns ist eng mit der Ostsee verknüpft. Diese Nachbarschaft hat das Land und seine Menschen geprägt. Abendstimmung bei Misdroy auf der Insel Wollin.

Kleine Bilder: *Lebhaftes Treiben kennzeichnet die Gassen von Danzig. In der Frauengasse, die die Marienkirche und den Mottlau-Fluss verbindet, spielen junge Straßenmusiker (ganz links). In den nach historischem Vorbild wiedererbauten Bürgerhäusern mit den typischen Terrassen kann man Kunst und Bernsteinschmuck kaufen (Mitte links). Junge Künstler üben sich in der Frauengasse (Mitte rechts) und vor allem auf dem Langen Markt hat sich vor imposanter Kulisse eine bunte Straßenszene etabliert.*

Ganz unten:
Das Ende des Zweiten Weltkrieges schien auch das Ende des alten Danzig: 90 Prozent der historischen Substanz waren zerstört. So müssen alle, die heute die wiedererstandenen Viertel um die Marienkirche begehen, den Hut vor den Restauratoren ziehen.

Rechts:
Vom Turm der Marienkirche aus muten die umliegenden Giebelhäuser wie aus einer Spielzeugschachtel an.

Unten:
Das Grüne Tor, zwischen Langem Markt und dem Ufer der Mottlau, wurde Mitte des 16. Jahrhunderts im Stil der flämischen Renaissance errichtet.

Oben:
Wer mit dem Zug in Danzig ankommt, findet mit dem Hauptbahnhof ein Entree in schönster Backsteinbauweise vor. Die Anlage entstand im Jahre 1900 auf dem Gelände des zugeschütteten Stadtgrabens.

Links:
Vor dem Artushof am Langen Markt zieht der Neptunbrunnen die Blicke auf sich. Der Meeresgott symbolisiert die Seemacht Danzig; er wurde 1633 in Bronze gegossen.

Vom Frauenburger Domberg schweift der Blick über das Wasser des Frischen Haffs. Im Hintergrund lässt sich die Nehrung erahnen, durch die das Frische Haff gegen die Danziger Bucht abgeschlossen wird.

Wer mit dem Schiff von Frauenburg aus das Haff überquert, landet im kleinen Hafen von Kahlberg (Krynica Morska) – also auf der Nehrung. Der Ort mit einem der breitesten Strände der Ostsee ist im Winter menschenleer.

Unten:
Typisch für die Ostseeküste in Polen ist ein breiter Strandstreifen mit fast weißem Sand, hier an der Frischen Nehrung. Schmale, sandige Nehrungen trennen Buchten vom offenen Meer ab und bilden Haffs.

Rechts oben:
Die Menschen am Frischen Haff leben nur noch zum Teil vom Fischfang. Haupteinnahmequelle ist der Fremdenverkehr.

Rechts Mitte:
Auch für Sportsegler ist das Frische Haff, hier bei dem Seebad Kahlberg, ein beliebtes Revier.

Rechts unten:
Obwohl die Fangmenge seit 1975 rückläufig ist, fahren die Fischer von der Frischen Nehrung wie eh und je auf die Ostsee hinaus.

ЦРЬ СЛВЫ
ІС ХС
СNЪ БЖЇИ
К. Т.
М. Л.
Р. Б.
ЛИДЇА

Linke Seite:
Im masurischen Eckertsdorf (Wojnowo) am Duß- (Duś-) See erinnert ein winziges Kloster an das Jahr 1825, als hier in der Johannisburger Heide (Puszcza Piska) russische Philipponen (Altgläubige) vier Dörfer gründeten.

An der Mündung der Toten Weichsel in die Danziger Bucht wacht die von holländischen Baumeistern errichtete Festung Weichselmünde (Wisłoujście).

Die Garnisonskirche von Allenstein wurde im Stil der Ordensarchitektur erbaut und sowohl von den Militärs als auch von den Einwohnern evangelischen Glaubens genutzt.

DER DEUTSCHE RITTERORDEN,

Im Jahre 1190 schlagen einige Kaufleute aus Bremen und Lübeck hinter dem Nikolaifriedhof zu Akkon ein Spitalzelt auf, um dort verwundete Kreuzfahrer zu pflegen. Acht Jahre später erwächst aus dieser Bruderschaft der Deutsche Ritterorden. Dessen Mitglieder sind Mönche und Ritter in einem und darin den Templern und Johannitern gleich – nicht aber hinsichtlich der Macht. So kümmert der neue Orden dahin; Schenkungen, Privilegien gibt es nicht allzu viele.

Das ändert sich erst um 1209/1210 mit der Wahl Hermann von Salzas zum Hochmeister – wie der erste Mann des karitativ-kriegerischen Unternehmens genannt wird. Der thüringische Ritter ist eine herausragende Persönlichkeit. Als enger Vertrauter des Kaisers macht er sich auch beim Papst unentbehrlich und zieht für den Orden Gewinn aus dem Streit der beiden. So werden schließlich die Ritter in den weißen Mänteln mit dem schwarzen Kreuz den Templern und Johannitern gleichgestellt. Doch der visionäre Hochmeister nährt eine viel größere Idee: Er will einen eigenen Staat. Die Gelegenheit hierfür scheint günstig, als 1211 der ungarische König die Ritter zum Kampf gegen die heidnischen Kumanen in sein Land ruft. Die erste Marienburg wird im siebenbürgischen Burzenland errichtet. Doch das ungarische Abenteuer endet mit einem Fiasko. König Andreas II. merkt, dass der Orden nicht nur missioniert, sondern auch sein eigenes politisches Süppchen kocht. So verweist er ihn 1225 des Landes. Schon ein Jahr später bekommen die Ritter Gelegenheit, es besser zu machen. Als sie der christliche polnische Herzog Konrad von Masowien um Hilfe gegen die heidnischen Pruzzen bittet, lassen sie sich vorher durch Kaiser Friedrich II. alle künftigen Eroberungen zum Besitz erklären. Danach erst schlagen sie los, verbinden Christianisierung mit Kolonisierung. Wer sich der Bekehrung widersetzt, wird vertrieben oder getötet. Die Ordensritter operieren von Burgen aus – die ersten heißen Thorn und Kulm (Chełmno), Marienwerder (Kwidzyn), Rheden (Radzyń Chełmiński) und Elbing (Elbląg). Im Schutze dieser militärischen Stützpunkte wachsen Ortschaften. Bereits 1233 werden Thorn und Kulm zur Stadt erhoben.

EROBERUNGEN UND INNERE ORGANISATION

Auch wenn die Pruzzen ihre alten Naturgötter nicht so leicht fallen lassen, sehen sie sich immer mehr in die Enge gedrängt. Die Ordensleute und ihre Söldner erobern ein Gebiet nach dem anderen: das Kulmer Land und Pogesanien, Pomesanien, Warmien, Galinden, Natangen, Barten, das Samland, Natrauen und so weiter. Doch nicht nur in ihren Eroberungen sind die Ritter unübertroffen, sondern auch in der inneren Organisation ihrer Gemeinschaft. Nachdem 1309 der Hochmeister von Italien in die Marienburg (Malbork) am Nogatfluss wechselt und von dort regiert, entwickelt sich erst recht ein für die damalige Zeit modernes und effektives Staatswesen mit besten Bedingungen auch für Handwerk und Handel. Doch der Orden legt sich nicht nur mit den heidnischen Pruzzen an. Die Annexion von Danzig und Pomerellen (1308) markiert den Beginn eines langen Rechtsstreites mit Polen.

Rund 100 Jahre später unterliegen die Ritter bei Tannenberg (Grunwald) – in einer der größten Schlachten des Mittelalters – der polnisch-litauischen Streitmacht. Der Ordensstaat bleibt zwar territorial unversehrt, doch seine Macht beginnt langsam zu zerbröckeln. Die Hauptgefahr erwächst aus dem eigenen Lager. Unzufrieden mit den wachsenden Repressionen und der Unfähigkeit der Ritter, auf neue Entwicklungen zu reagieren, gründen 1440, 53 preußische Edel-

Ganz links:
Rheden, eine der ersten Burgen des Deutschen Ordens, gilt als die »schönste Ruine des deutschen Ostens«.

Links:
Die Ordensburg von Gollub (Golub Dobrzyń) datiert von 1302 bis 1306 und wurde später im Renaissancestil umgebaut.

DIE PRUZZEN UND DIE POLEN

Zu den wertvollsten Hinterlassenschaften der Komturei Elbing zählt ein silberner Feldaltar von 1388, von dem hier eine Zeichnung gezeigt wird.

leute und 19 Städte einen »Bund vor Gewalt«. Dieser bringt, zusammen mit den Polen, nach 13-jährigem Ringen dem Orden eine verheerende Niederlage bei, von deren Folgen sich dieser nie mehr erholt.

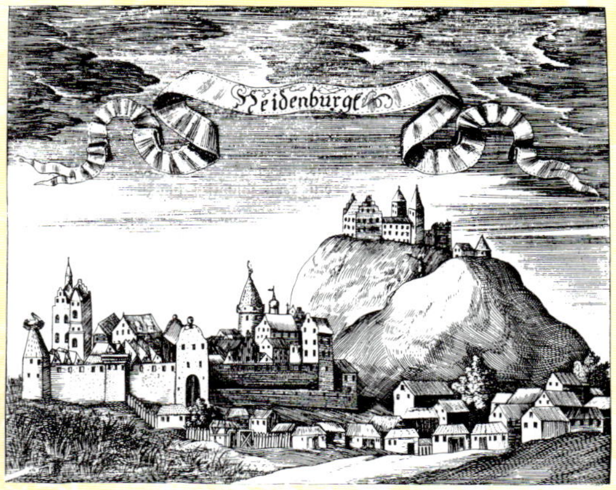

So folgt schließlich der letzte Hochmeister Albrecht von Brandenburg-Ansbach dem Rat Luthers und wandelt den Ordensstaat in das Herzogtum Preußen um. Ironie der Geschichte: Kaiser Karl V. legt Albrecht zwar in die Reichsacht, doch der Neu-Protestant stellt sich in Krakau unter den Schutz der katholischen polnischen Krone.

Oben: *Das Kapitelschloss von Marienwerder stammt vom Beginn des 13. Jahrhunderts. Blickfang ist der ungewöhnlich weit hinausgeschobene Dansker (Abort).*

Rechts oben: *Stadt und Ordensburg Neidenburg (Nidzica) auf einem Stich von 1684. Die Burg stammt aus dem 13./14. Jahrhundert.*

Rechts: *Das Wahrzeichen der Landmeister, die sowohl dem auf Lebenszeit gewählten Hochmeister sowie seinen fünf beratenden Großgebietigern unterstanden. Ordensbrüder waren gleichberechtigte Ritter- und Priesterbrüder, die beide ein mönchisches Gelübde abgelegt hatten, sowie dienende nichtadelige Halbbrüder.*

Die Marienburg, Zentrum des Deutschen Ordens, wurde seit dem 13. Jahrhundert errichtet. Der Wehrbau an der strategisch wichtigen Stelle des Flusses Nogat war seit 1309 Sitz des Hochmeisters, des ranghöchsten Deutschordensritters.

Im 15. Jahrhundert ging die Burg an Polens Krone über und die Mächtigen residierten hier auf ihren Reisen. Nach ihrer Zerstörung im Zweiten Weltkrieg wurde die Anlage wiederaufgebaut. Die Stadt Marienburg erhielt bereits 1276 das Stadtrecht.

Rechts:
Im Kulmer Land. Die namensgebende Stadt war eine der ersten Gründungen des Deutschen Ordens und zählt heute zu den sehenswertesten Orten an der Bernsteinstraße.

Unten:
Masuren ist das Land der Alleen. Im Sommer fährt man durch grüne Blättertunnel, im Winter ragen die kahlen Äste wie Geisterarme in den Himmel.

Oben:
Der Maurer- (Mamry-) See besteht eigentlich aus verschiedenen kleineren Gewässern, die auch alle einen eigenen Namen haben. Erst zusammen bilden diese mit über 100 Quadratkilometern das zweitgrößte Binnengewässer des Landes.

Links:
Der heilige Nikolaus gab dem Städtchen den Namen: Nikolaiken ist heute das Zentrum des Masurischen Seengebietes.

Linke Seite:
Die Johanneskirche in Thorn ist im Stil der Backsteingotik erbaut. Ihr ältester Teil stammt aus der zweiten Hälfte des 13. Jahrhunderts. Nikolaus Kopernikus wurde in diesem Gotteshaus getauft.

Bromberg (Bydgoszcz) war von 1814 bis 1919 Hauptstadt der preußischen Provinz Posen. Obwohl im 19. Jahrhundert die wichtigsten Baudenkmäler der Altstadt abgerissen wurden, hat sich noch manch romantischer Winkel erhalten.

In Heilsberg (Lidzbark Warmiński) ist nicht nur eine der bedeutendsten und besterhaltenen Burgen der Ordensarchitektur, sondern – mit dem Hohen Tor als Teil der Stadtbefestigung– auch ein herausragendes Zeugnis weltlicher Baukunst erhalten geblieben.

MASOWIEN UND

Das ehemalige Königsschloss ist der letzte der großen, repräsentativen Bauten des alten Warschau, der – zwischen 1971 und 1984 – wieder in alter Gestalt erstand.

Heute ist Warschau das Zentrum dieser ehemals von riesigen Urwäldern bedeckten altpolnischen Landschaft. Doch die Herzöge von Masowien (Mazowsze), die einst die Deutschordensritter riefen, residierten in Płock, dessen Burg-/Domhügel hoch über der weiten Weichsel ein malerisches Bild bietet. Nicht weit davon entfernt, ebenfalls am Fluss, lohnt das romanische Kloster Czerwińsk einen Besuch; die Fresken aus dem frühen 12. Jahrhundert sind die bedeutendsten dieser Zeit in ganz Polen.

Die beiden kulturhistorisch wichtigsten polnischen Landschaftsgärten finden sich nahe Łowicz. Arkadia und Nieborów wurden Ende des 18. Jahrhunderts durch die legendäre Fürstin Helena Radziwiłł geprägt und bezeugen bis heute den Geist dieser Zeit. Ein Ort der Musen ist auch das nicht weit entfernte Zelazowa Wola. Hier wurde im Jahr 1810 Fryderyk Chopin geboren.

Je weiter man gen Norden kommt, desto kleiner und verstreuter werden die Ortschaften. Die weißrussische beziehungsweise die litauische Grenze sind nicht mehr allzu weit entfernt. Doch diese Gebiete um Białystok und Suwałki gehören nicht mehr zu Masowien; ihren Besitz teilten sich im Wechsel der Zeiten Litauer, Polen, Russen und Preußen. Hier findet man noch ganze Dörfer nebst großen Gotteshäusern in schönster Holzbauweise mit verzierten Fenstern, Türen und Giebeln. Im Białowieski-Nationalpark leben Wisente, Wildpferde, Luchse und Wölfe. Am Biebrza-Fluss, einem der unberührtesten Sumpf- und Moorgebiete unseres Kontinents, haben Elche, Biber und Fischotter sowie über 250 Vogelarten ein Refugium. Besonders im Frühjahr glaubt man sich hier im Garten Eden.

DER NORDOSTEN

Linke Seite:
Das historische Warschau besteht nicht nur aus der bekannten Altstadt, sondern auch aus einer Neustadt – die kaum jünger ist. Das Bild zeigt eine Partie an der Langen Straße gegenüber der Heilig-Geist-Kirche.

Ganz links:
Auf dem Schlossplatz von Warschau ragt die Sigismundsäule 22 Meter in den Himmel. Sie erinnert an Sigismund III., den Begründer der Wasa-Dynastie in Polen.

Links:
Auch Kunstauktionen unter freiem Himmel finden auf dem Altstädter Markt statt.

Links:
Wie in Krakau schützte auch in Warschau ein Barbakane genannter runder Wehrbau aus dem Jahre 1548 das Haupttor zur Altstadt.

Unten:
Aus der »Villa nova«, die sich König Jan III. Sobieski ab 1677 von italienischen Architekten außerhalb der Hauptstadt erbauen ließ, wurde Wilanów, ein barockes Ensemble von Schloss und Garten, das als »polnisches Versailles« gilt.

Rechts oben:
Der Łazienki-Park zählt zu den großen europäischen Gärten und entstand in der zweiten Hälfte des 18. Jahr-

hunderts mit zahlreichen Palais und Pavillons. Das Palais Mysłewicki wurde 1775 bis 1778 im klassizistischen Stil errichtet.

Rechts Mitte:
Der Däne Bertel Thorwaldsen schuf das Denkmal des Nikolaus Kopernikus vor dem Palais Staszic, das die Akademie der Wissenschaften beherbergt.

Rechts unten:
Adam Adolf Loewe errichtete die Neue Orangerie im berühmten Łazienki-Park, in der exotische Pflanzen gezogen werden.

Linke Seite:
Das Gotteshaus St. Anna in Warschau geht auf den masowischen Herzog Bolesław IV. und seine Gemahlin zurück und ist heute Universitätskirche. Die barocke Ausstattung datiert aus dem 17. und 18. Jahrhundert.

Oben:
In der barocken Heilig-Kreuz-Kirche Warschaus befinden sich die Epitaphe berühmter Polen – so jene der Romanciers Prus und Reymont. Und in einem Pfeiler ruht die Urne mit dem Herzen Fryderyk Chopins.

Oben:
Auf dem Markt der Warschauer Neustadt geht es viel ruhiger zu als auf dem der Altstadt. Die Kirche des heiligen Kasimir gehört zum Kloster der Sakramentinerinnen und entstand Ende des 17. Jahrhunderts nach Plänen von Tylman van Gameren.

Unten:
Die Neue Welt genannte Straße ist Teil des sogenannten »Königsweges« und wird von klassizistischen Häusern und Palästen gesäumt, die von polnischen Magnaten als Sommerresidenz genutzt wurden.

Unten:
Der Kulturpalast war einst ein »Geschenk Stalins an das polnische Volk« und ist mit 234 Metern das höchste Gebäude von Warschau. Heute residiert in dem monumentalen Bau unter anderem das Goethe-Institut.

Rechts:
Nach dem verzweifelten Aufstand der Warschauer Juden im Jahre 1943 machten die Deutschen das Ghetto dem Erdboden gleich. So zeugen neben dem bekannten Monument der Helden des Ghettos nur noch einige Erinnerungstafeln vom Leid der jüdischen Bevölkerung.

Rechts:
Die Deportation der Juden aus dem Ghetto Warschaus begann 1942, nachdem bereits 1940 das Ghetto eingerichtet worden war. Die Gedächtnismauer am »Umschlagplatz« erinnert an die Stelle, von der aus mehr als 300 000 Menschen in den Tod geschickt wurden.

STAWKI 6-8
W TYM BUDYNKU SZKOŁY
I PRZEJŚCIOWO
SZPITALA ŻYDOWSKIEGO
PRZETRZYMYWANO ŻYDÓW
PRZED ICH WYWIEZIENIEM
DO TREBLINKI
TRAKT PAMIĘCI
MĘCZEŃSTWA
I WALKI ŻYDÓW
1940-1943

UMSCHLAGPLATZ

Unten:
Arkadia heißt das vielgerühmte Gartenreich der schönen und klugen Fürstin Helena Radziwiłł nahe Łowicz. Hier wurde die gestaltete Wildnis zur Bühne für antike, gotische und andere Architekturstücke.

Rechts oben:
Palais und Park Branicki in Białystok werden in Polen das »Podlachische Versailles« genannt. Hier,

nahe der Grenze zu Weißrussland, ist die barocke Anlage zwischen 1728 und 1758 entstanden.

Rechts Mitte:
Ein Aquädukt überspannt einen Wasserlauf im Gartenparadies der Fürstin Helena Radziwiłł aus dem Jahre 1778.

Rechts unten:
Architekturversatzstücke aller Art und aus allen Epochen vereinen sich zu einem Gesamtkunstwerk in Arkadia.

UNBEKANNTES

Die prächtige Front der Tuchhallen trennt den Krakauer Hauptmarkt in zwei Teile. Davor steht das Denkmal des polnischen Nationaldichters Adam Mickiewicz. Der Turm links im Hintergrund ist der Überrest des mittelalterlichen Rathauses, das bereits 1820 abgetragen wurde.

Man kennt hierzulande Krakau und Tschenstochau (Częstochowa), nicht aber die große historische Region des Landes, in der diese Städte liegen. Im Süden von den Karpaten, im Zentrum von dem durch die Weichsel geteilten Becken von Sandomierz und im Norden durch die Lubliner Hochfläche geprägt, bietet Kleinpolen (Małopolska) vielfältige und reizvolle Landschaften sowie ein reiches künstlerisch-kulturelles Erbe.

Eine besondere Überraschung bildet, weit hinter Krakau, die Begegnung mit einem durch die Renaissance geprägten Städtetriumvirat. Sowohl Sandomierz als auch Kazimierz Dolny, beide an der Weichsel gelegen, beeindrucken durch den Gleichklang von idyllischer Umgebung und schönsten alten Gebäuden. Nahe der ukrainischen Grenze schließlich findet sich mit Zamość eine ganze Stadt, die Ende des 16. Jahrhunderts im Stil der Spätrenaissance erbaut wurde. Das »Padua des Nordens« leuchtet in neuen Farben und darf sich höchster UNESCO-Meriten rühmen.

Dagegen verkörpern die dunklen mehrhundertjährigen Holzkirchen eine ganz andere, östliche Welt. Die schönsten Gotteshäuser dieser Art stehen in Tomaszów Lubelski, Hrebenne und Radruś. Lublin, die größte polnische Stadt östlich der Weichsel, ist schon immer ein bedeutendes Handels- und Kulturzentrum gewesen. Einst das »Jüdische Oxford« geheißen, lebt heute nur noch die Erinnerung daran. Die Zeiten überdauert haben dagegen jene herrlichen Fresken in der Dreifaltigkeitskapelle der Festung, die 1418 im byzantinisch-ruthenischen Stil aufgetragen worden sind.

K L E I N P O L E N

Unten:
Im Inneren der Tuchhallen zu Krakau befinden sich Kramläden mit uriger Atmosphäre. Waren aller Art werden hier an den Mann beziehungsweise an die Frau gebracht.

Rechts:
Das Café »Jama Michalika« nahe dem Florianstor in Krakau birgt ein komplettes Jugendstilinterieur sowie diverse Erinnerungen an die Avantgarde der damaligen Zeit.

Links:
Aus dieser Perspektive scheinen die Tuchhallen und die Marienkirche Krakaus aneinandergebaut. Tatsächlich aber liegt dazwischen noch der Markt. Ein Trompeter schmettert vom linken Turm aus zu jeder vollen Stunde seine Melodie in alle vier Himmelsrichtungen.

Oben:
Die Dreifaltigkeitskirche des Dominikanerklosters aus der 2. Hälfte des 14. Jahrhunderts zeigt stolz ihren Staffelgiebel.

DAS KÖNIGLICHE

Nicht erst mit der Klassifizierung durch die UNESCO als eine der zwölf schönsten Städte der Welt ist Krakau Anziehungspunkt für viele. So wie diese Stadt sich ständig wandelt und immer neue Facetten zeigt, könnte man glauben, Pan Twardowski, ein polnischer Faust, sei bei seinen alchemistischen Experimenten an der ehrwürdigen Universität doch erfolgreich gewesen.

Krakaus königliche Zeit währte fast 600 Jahre. Sie begann mit Kazimierz I., der um die Mitte des 11. Jahrhunderts seine Residenz hierher an die Weichsel verlegte. Der Herrscher aus dem Geschlecht der Piasten hatte die lothringische Prinzessin Richeza als Mutter und Erzbischof Hermann von Köln zum Onkel. Kazimierzs Verdienste um den jungen polnischen Staat werden in seinem Beinamen »der Erneuerer« deutlich.

1241 standen die Tataren vor den Toren der Stadt. Als ein Wächter vom Turm der ersten, romanischen Marienkirche die Bewohner mit einem Trompetensignal warnen wollte, traf ihn ein Pfeil – so jedenfalls die Legende. Immerhin ist sie Anlass für ein eindrucksvolles Spektakel: Zu jeder vollen Stunde ertönt von der neuen Marienkirche der »Hejnat mariecki«, ein Turmlied, das plötzlich abbricht. Nach dem Abzug der wilden Reiterschar war Krakau dem Erdboden gleich. Die neue Stadt wurde nach dem Muster eines Schachbrettes angelegt und gründlich befestigt. Ein riesiger Markt bildete den Mittelpunkt. Von dort führen die Straßen in alle Richtungen. Die beste Gelegenheit, die alte Stadt zu erkunden, bietet der sogenannte »Königsweg«. Wie der Name sagt, folgt er jener Route, auf der die polnischen Könige zu ihrer Krönung auf das Schloss, den Wawel, zogen. So säumen ihn und die benachbarten Straßen denn auch die größten Paläste und die schönsten Gebäude.

DAS GOLDENE ZEITALTER DER RENAISSANCE

Seit sich Krakau aus der steinernen Umarmung der Festungsmauern befreit hat und diese durch einen grünen Gürtel ersetzt wurden, wirkt der dem Florianstor vorgelagerte klobige Rundbau namens Barbakane ziemlich verloren. Hier, am nördlichen Eingang zur Stadt, hat der Königsweg seinen Anfang, und es bedarf nur noch ein paar Schritte in eine Seitenstraße hinein, bis man vor dem Czartoryski-Palais steht, wo Leonardos geheimnisvolle »Dame mit dem Hermelin« noch immer Rätsel aufgibt.

Außer der Marienkirche mit dem Veit-Stoß-Altar am Rande des Marktes zieht in dessen Mitte ein zweites herausragendes Bauwerk die Blicke auf sich. Es sind die alten Tuchhallen aus gotischer Zeit, die im 16. Jahrhundert ein Renaissance-Gesicht erhielten und heute eine Vielzahl von Kramläden bergen, wo man alles kaufen kann, wonach man sucht und auch das, woran man noch gar nicht denkt.

Stichwort Renaissance: Mit der Königin Bona aus dem Mailänder Geschlecht der Sforza kamen seit Beginn des 16. Jahrhunderts Architekten und Baumeister, Maler und Bildhauer sowie Gelehrte aus dem Süden nach Krakau. So gibt es hier denn auch die bedeutendste materielle Hinterlassenschaft des sogenannten »Goldenen Zeitalters« der polnischen Geschichte. Es währte von 1506 bis 1572 und umfasste die Regierung der letzten beiden Könige aus dem Geschlecht der Jagiellonen, welche inzwischen die Piasten abgelöst hatten. Ausgesprochene Meisterwerke dieser Zeit sind der zwischen 1507 und 1536 errichtete Innenhof des Wawel sowie die Sigismundkapelle der Kathedrale, die beide nach toskanischem Vorbild gestaltet wurden.

Die Krönungskirche der polnischen Könige birgt auch deren Grabmäler. Sie befinden sich im Chorumgang und in den verschiedenen Kapellen sowie unter der Kathedrale. Die älteste Krypta und zugleich die schönste ist die des heiligen Leonhard. Zwischen 1090 und 1118 erbaut, spiegelt sie die schlichte Größe romanischer Architektur.

Links unten:
Figuren der Apostel trennen den Platz vor der Kirche St. Peter und Paul von der Straße ab. 1605 bis 1619 erbaute Giovanni Trevano das erste barocke Gotteshaus in Krakau.

Unten:
Der linke, spätgotische Turm der Marienkirche birgt die Trompeterstube, der rechte aus der Zeit der Spätrenaissance den Glockenstuhl.

K R A K A U

Rechts:
Auf dem Wawel-Hügel über der Weichsel steht die Kathedrale St. Wenzel und Stanislaus, die Krönungskirche Polens aus dem 14. Jahrhundert.

Oben:
Die Barbakane, der runde gotische Wehrbau, wurde Ende des 15. Jahrhunderts errichtet.

Unten:
Jost Ludwig Decius, ein Elsässer, war einst Sekretär des polnischen Königs Sigismund des Alten. Sein Renaissance-Palais erstrahlt wieder in altem Glanz.

Linke Seite:
Im Sommer vergeht kaum ein Tag, an dem auf dem Krakauer Hauptmarkt nicht irgendein kulturelles Spektakel, wie zum Beispiel die Vorführung polnischer Volkstänze, stattfindet. Die berühmtesten Tänze sind die Mazurka, der Kujawiak sowie der Krakowiak aus der Region um Krakau.

Kleine Bilder oben:
Obwohl sich auch dortzulande die Zeiten ändern, sehen die Polen ihre Lieder und Tänze noch als ein Stück lebendige Gegenwart. Die Herkunft der Volkskünstler verrät nicht nur die Musik, sondern auch die Tracht: So stammt der alte Violinspieler aus Krakau, während es sich bei den Männern und Kindern mit den schwarzen Hüten um Goralen handelt.

Linke Seite:
Nordwestlich von Krakau erstreckt sich eine malerische Juralandschaft bis Tschenstochau. Nicht wenige der leuchtenden Kalkfelsen tragen Burgen, die durch die »Straße der Adlerhorste« verbunden werden. Die Burg Ojców stammte aus dem 14. Jahrhundert und ist heute nur noch Ruine.

Die Burg Olsztyn wurde um die Mitte des 14. Jahrhunderts an der Grenze Kleinpolens zu Schlesien errichtet und 1556 durch schwedische Truppen zerstört.

Die wohl romantischste Staffage von allen Burgen dieser Region bietet Ogrodzieniec nahe Olkusz. Die verwunschene ehemalige Renaissance-Feste krönt den höchsten Punkt der Landschaft.

Oben:
Fragt man die Polen nach dem schönsten Schloss, so hört man zumeist den Namen Łancut. Die von einem gepflegten Park umgebene Residenz der Lubomirskis und Potockis ist ein ganz besonderes Kleinod.

Rechts:
Die meisten Besucher kommen des berühmten Salzbergwerkes wegen nach Wieliczka. Doch dieses Städtchen hat nicht nur unter, sondern auch über der Erde einiges zu bieten, so zum Beispiel die Bastei und das Schloss.

Links:
Die letzten Besitzer des Schlosses von Żywiec (Saybusch), die Habsburger, ließen die ursprüngliche Renaissance-Fassade durch eine neogotische ersetzen.

Unten:
Die Schlosskapelle von Lublin birgt die wertvollsten und am besten erhaltenen orthodoxen Wandmalereien in ganz Polen.

Unten:
Blick über Przemyśl. Die alte Stadt am San-Fluss war Zankapfel zwischen Russen und Polen, Ungarn und Österreichern. Letztere bauten sie ab 1876 zu einer Festung aus – größer war nur Verdun.

Rechts:
Neben Krakau ist Rzeszów mit rund 160 000 Einwohnern die zweitgrößte Stadt Südostpolens. Als bedeutendstes Bauwerk gilt das Sommerpalais der Lubomirskis (im Vordergrund), denen auch das mächtige Schloss gehörte.

Links:
Nahe dem Weichseldurchbruch liegt das romantische Künstlerstädtchen Kazimierz Dolny. Am Markt stehen die beiden schönsten Renaissancehäuser: »Zum heiligen Christophorus« und »Zum heiligen Nikolaus«.

Oben:
In Tarnów, zwischen Krakau und Przemyśl, zeugen Bürgerhäuser aus dem 16. bis 19. Jahrhundert von der wirtschaftlichen Bedeutung der Stadt.

Kleine Bilder links: ***Der Pieniny-Nationalpark (Pieniński Park Narodowy) ist flächenmäßig der kleinste, nichtsdestotrotz einer der beeindruckendsten des Landes. Weiße Kalkfelsen kontrastieren mit dem Grün der Wiesen und Wälder. Die Felder sind winzig – schmale Handtücher, auf denen sich kaum der Pflug wenden lässt. Das natürliche Baumaterial ist hier das Holz.***

Unten:
Ganz im südöstlichen Zipfel des Landes liegt eine weitere Landschaft der Superlative. Wer die wirkliche Einsamkeit liebt und grandiose Natur ohne Trubel und Schnickschnack erleben will, ist in den Bieszczaden am rechten Ort.

DAS PHÄNOMEN

An die 1000 Männer und einige wenige Frauen mögen es sein, die sich in Polen dem Schnitzen verschrieben haben. Doch nicht nur diese Zahl ist einmalig, es sind vor allem die Kunstwerke selber. Der tiefen Volksfrömmigkeit entsprechend sind die meisten Themen der Bibel entnommen. Besonders häufig finden sich die Vertreibung aus dem Paradies oder die Flucht nach Ägypten; dazu Engel und Heilige sowie Szenen aus dem Leben Christi und Mariens, aber auch der Teufel in den verschiedensten Variationen. So zum Beispiel mit einer Schnapsflasche in der Hand, das heißt, als Alkoholteufel einherkommend. Zum bevorzugten Repertoire gehören außerdem noch Szenen aus dem dörflichen Alltag.

All diese Schnitzer folgen einer langen Tradition. Kleine Kapellen und Bildsäulen säumen seit Jahrhunderten die Wege, schmücken die Anwesen. Es bestand Gefahr, dass die Volkskunst im Meer der massenweise gefertigten Devotionalien unterging, dass Madonnen aus Plastik die hölzernen verdrängten. Doch ausgerechnet in jener Zeit, Ende der sechziger Jahre, wuchs eine Gegenbewegung, nahmen immer mehr Menschen das Schnitzmesser zur Hand und versuchten sich an dem spröden Werkstoff Holz. Es waren, der agrarischen Struktur des Landes entsprechend, vor allem Bauern. Sie lebten in den Bergen oder im abgelegenen Osten

Links oben:
Nein, um diesen Jona braucht man sich nicht zu sorgen! So jedenfalls scheint die bildnerische Botschaft von Eugeniusz Zegadło zu lauten.

Links:
Marian Ulc lebt in der Nähe von Kielce. Seine Figuren sind, wie auch die von Zegadło, nicht mehr ganz naiv, sondern intellektuell geprägt.

Oben:
Ein bescheidener Mann von großem Können: der Schnitzer Stanisław Szymczyk aus der Umgebung von Lodsch.

des Landes. Nicht wenige hatten nur zwei, drei Klassen Schule besucht, etliche waren Analphabeten. Wurden ihre ersten Figuren anfangs noch von den Nachbarn belacht, änderte sich dies rasch, als es Erfolge auf Ausstellungen gab und – durch den Verkauf – auch Geld. Doch ausgerechnet darauf hatten diese heute bereits als »Klassiker« gehandelten Schnitzer am allerwenigsten spekuliert. Ihnen ging es vor allem darum, ihren Glauben, ihre Gedanken und Gefühle umzusetzen.

ES KOMMT ALLES AUS MIR SELBST

Das Phänomen der polnischen Volksschnitzerei verdeutlicht am besten das Dorf Paszyn. Obwohl nur ein paar Kilometer von der im Südosten des Landes gelegenen Stadt Nowy Sącz entfernt, war es in den einsamen Beskiden noch vor 50 Jahren ziemlich schwierig, dorthin beziehungsweise von dort wegzukommen. So nährten sich die Einwohner mehr schlecht als recht vom Ertrag ihrer winzigen Äcker, lebten in ihren verstreuten Gehöften mit dem Vieh unter einem Dach und blieben weitgehend unter sich. Und Pfarrer Edward Nitka litt mit seinen Leuten unter dieser Situation. Als ihm in den sechziger Jahren ein taubstummer Hirte namens Wojciech Oleksy einige geschnitzte Holzfiguren ins Pfarrhaus brachte, war er, der Kunstkenner und -sammler, tief beeindruckt von deren Originalität. So sorgte er dafür, dass Oleksys ungewöhnliches Talent gefördert wurde. Als andere Bewohner es diesem nachtaten und ebenfalls zum Schnitzmesser griffen, lenkte der Pfarrer ihre Versuche. Die bäuerlichen Künstler wurden erst in Polen bekannt und dann – recht rasch – auch jenseits der Landesgrenzen. Inzwischen haben die Schnitzer aus Paszyn und anderen Zentren wie Kutno oder verschiedenen Dörfern nördlich von Lublin die gleiche Bedeutung für die naive Kunst wie die Maler aus dem ehemaligen Jugoslawien. Allein in Deutschland gibt es ein halbes Dutzend Galerien mit polnischen Figuren. Besondere Verdienste um diese Art Schnitzerei erwarb sich der inzwischen verstorbene ARD-Korrespondent Ludwig Zimmerer. Sein Haus bei Warschau quoll über von Engeln, Heiligen und Teufeln.

Rechts oben:
Nach seinem Tod erst recht zum »Klassiker« geworden: Stanislaw Poręba aus Paszyn – hier mit seiner Sicht der Vertreibung aus dem Paradies.

Rechts:
Diese in ihrer einfachen Formensprache ergreifende Pieta ist 150 Jahre alt. Der Schmerz Marias um ihren Sohn wird ins Symbolische gesteigert.

Noch viel mehr von diesen Zeugnissen elementarer künstlerischer Gestaltungskraft findet sich in jenem Museum, das die Einwohner von Paszyn unter Anleitung des Edward Nitka nachfolgenden Pfarrers Stanisław Janas errichtet haben. Diese weltweit größte Sammlung naiver Schnitzkunst dokumentiert die wundersame Verwandlung von einfachen Menschen in Künstler von außergewöhnlicher Originalität. Auf die vielgestellte Frage, wie dies denn möglich sei, antwortete einer der Berühmtesten, er wisse dies auch nicht. Sicher sei nur, dass es ihn dränge zu schnitzen: »Es kommt alles aus mir selbst!«

Oben:
Die Burg Niedzica in der gleichnamigen Ortschaft (Netzdorf) wird von dem aufgestauten Dunajec umflossen. Mit dem alten Bauwerk ist die geheimnisvolle Geschichte um das Testament des letzten Inkaherrschers verknüpft, das hier gefunden worden sein soll.

Rechts:
Typisch sind solch alte Holzvillen in Krynica – einem in den Beskiden gelegenen Kurort mit 21 Mineralquellen.

Links:
Der geräucherte Schafskäse der Goralen ist nicht nur dem Auge ein Fest – er schmeckt auch vorzüglich.

Unten:
Am Dunajec-Durchbruch im Pieniny-Nationalpark. Eine Floßfahrt durch die Schlucht eröffnet grandiose Naturbilder und zeigt die umliegenden Berge in beeindruckender Perspektive.

Unten:
Blick auf den Markt von Neu-Sandez (Nowy Sącz). Die Stadt liegt reizvoll inmitten eines von den Beskiden umschlossenen fruchtbaren Kessels am Kreuzungspunkt alter Handelsstraßen.

Rechts oben:
Landschaft in den Beskiden. Diese sind Teil der Karpaten und in verschiedenen Gebirgszüge untergliedert.

Rechts Mitte: *Die Kirche von Dębno wurde um 1500 aus Lärchenholz erbaut. Zu den sonntäglichen Messen erweist sich der prächtig bemalte Innenraum oft als zu klein. Dann versammeln sich viele, die dort keinen Platz finden, draußen.*

Rechts unten: *Das Klarissinnenkloster von Alt-Sandez (Stary Sącz) ist eine Gründung des späten 13. Jahrhunderts.*

Linke Seite:
Zakopane heißt der Hauptort des polnischen Teils der Hohen Tatra mit seiner charakteristischen Kessellage. Von hier aus ist es nur ein Katzensprung in die Berge, so dass sich hier im 19. Jahrhundert ein reger Fremdenverkehr zu entfalten begann.

Schon der Weg zum Morskie Oko (Meeresauge), einem der schönsten Bergseen der Tatra, eröffnet faszinierende Ausblicke auf die zerklüftete Bergkette.

Eine winterliche Fahrt mit dem Pferdeschlitten durch eines der Tatra-Täler bietet ein ganz besonderes Erlebnis. Und gegen die Kälte hilft garantiert der »Goralen-Tee« – mit zumeist mehr Schnaps als Tee.

Rechte Seite:
Der Südosten Polens ist reich an grandiosen Berglandschaften wie diese hier bei Zakopane.

Der Kasprowy Wierch bleibt knapp unter der Zweitausend-Meter-Grenze. Man erreicht ihn bequem mit einer Seilbahn, muss dafür aber oft lange Wartezeiten einrechnen. Die Auffahrt selbst dauert etwa 20 Minuten.

Den schroffen Felsbergen der Tatra vorgelagert ist das Gubałówka-Massiv mit Bergwiesen und -wäldern sowie verstreuten Goralen-Gehöften. Von Zakopane führen eine Zahnradbahn sowie verschiedene Lifte auf rund 1100 Meter Höhe.

Seite 120/121:
Die alte Pfarrkirche von Zakopane ist mehr als 150 Jahre alt. Die drei Altäre fertigte der Gorale Wojciech Kułach.

REGISTER

O s t
Pommersche Bucht
Świnoujście
Swinemünde
Stettiner Haff
P o
Pommers
Szczecin
Stettin
Szczeciński Stargard
Oder
Gorzów Wielkopolski
Landsberg
Kostrzyn
Küstrin
Berlin
DEUTSCH-LAND
Lubuskie
Oder
Zielona Góra
Grünberg
Nowa Sól
Neusalz
Zary
Serau
Boleslawiec
Bunzlau
Neisse
Zgorzelec
Dresden
Jelenia Góra
Hirschberg
Chemnitz
Prag
Plzeň

RUSSLAND
LITAUEN
Kaliningrad
Königsberg
Danziger
Bucht
Wejherowo
Neustadt
Lebork
Lauenburg
Gdynia
Gdingen
Sopot
Zoppot
Gdańsk
Danzig
Stupsk
Stolp
Koszalin
Köslin
Tczew
Döschau
Elblag
Elbing
Suwalki
Malbork
Marienburg
Starogard Gdanski
Preußisch Stargard
Olsztyn
Allenstein
Elk
Lyok
Grodno
Weichsel
Kwidzyn
Marienwerder
Ostróda
Osterode
Szczecinek
Neustettin
Chojnice
Konitz
Grudziadz
Graudenz
Preussischer Höhenrücken
Preussen
Pomerellen
Lomża
Bialystok
Pita
Schneidmühl
Bydgoszcz
Bromberg
POLEN
Ostroleka
Narew
Toruń
Thorn
Netze
WEISS-
RUSSLAND
Ciechanów
Inowroclaw
Hohensalza
Warthe
Wloclawek
Leslau
Plock
Masowien
Bug
Kujawien
Gniezno
Gnesen
Legionowo
Wotomin
Poznan
Posen
Warszawa
Warschau
Mińsk
Mazowieki
Siedlce
Biala
Podlaska
Brest
Kutno
Pruszków
Ursus
Otwóck
Konin
Lowicz
Żyrardów
Skierniewice
Großpolen
Niecka
Zgierz
Leszno
Lódz
Lodz
Kalisz
Pabianice
Pilica
Podlachien
Glogów
Glogau
Krotoszyn
Ostrów
Wielkopolski
Zduńska
Wola
Tomaszów
Mazowiecki
Radom
Pulawy
Lublin
Świdnik
Chelm
Lubin
Luben
Piotrków
Trybunalski
Legnica
Liegnitz
Oder
Oleśnica
Oels
Wroclaw
Breslau
Radomsko
Kraśnik
Olawa
Ohlau
Kielce
Zamość
Schlesien
Świdnica
Brzeg
Brieg
Czestochówa
Tschenstóchau
Kleinpolen
Dzierzóniów
Reichenberg
Opole
Oppeln
Chelm
Tarnobrzeg
Stalowa Wola
Nowa Ruda
Neurode
Nysa
Neisse
San
Klodzko
Glatz
Bytom
Beuthen
Górnicza
Mielec
Olkusz
Kedzierzyn-
Koźle
Kandrzin
Gliwice
Gleiwitz
Katowice
Kattowitz
Tychy
Tichau
Oświecim
Auschwitz
Krakow
Krakau
Tarnów
Debica
Rzeszów
Jaroslaw
L'viv
Lemberg
Racibórz
Ratibor
Czechowice-Dziedzice
Czechowitz-Dzieditz
Przemyśl
Ostrava
Bielsko-Biala
Bielitz
Zywiec
Saybusch
Nowy Sacz
Neu-Sandez
Krosno
Sanok
UKRAINE
TSCHECHIEN
Westkarpaten
Nowy Targ
Neumarkt
Zakopane
SLOWAKEI
N

Rund einen halben Kilometer ragt die hölzerne Seebrücke von Zoppot ins Meer.

Impressum

Buchgestaltung
hoyerdesign grafik gmbh, Freiburg

Karte
Fischer Kartografie, Fürstenfeldbruck

Alle Rechte vorbehalten

Printed in Germany
Repro: Artilitho, Trento, Italien
Druck: Konkordia Druck GmbH, Bühl
Verarbeitung: Josef Spinner Großbuchbinderei GmbH, Ottersweier

© 2002 Verlagshaus Würzburg GmbH & Co. KG
© Fotos: Ralf Freyer

ISBN 3-8003-1575-0

Danksagung

Dieses Buch widme ich meiner Frau Ingeborg und unseren Freunden Irena Styczyńska, Halina und Marek Buffi sowie Stanisław Janas, die uns – wie viele andere polnische Menschen – nicht nur ihre Türen, sondern auch ihre Herzen weit geöffnet haben.

Ernst-O. Luthardt

Für Bernhard Hugenschmidt, Freiburg, im Andenken an unsere abenteuerliche Fahrt durch ganz Polen von Kamień Pomorski bis ins wilde Bieszczady-Gebirge, für Joanna Meyer, Bydgoszcz, für zwei wundervolle Jahre nicht nur in Polen und für Klaus Didio in Dankbarkeit, der mir in Berlin immer ein Basislager geboten hat.

Ralf Freyer

Stürtz